RÉFLEXIONS

DE QUELQUES NÉGOCIANS

DE LA RUE SAINT-DENIS

SUR

LA LISTE CIVILE.

Paris.

CHEZ LES MARCHANDS DE NOUVEAUTÉS.

1831.

IMPRIMERIE DE Ve THUAU,
rue du Cloître St.-Benoît, n° 4.

RÉFLEXIONS

SUR

LA LISTE CIVILE.

Dans nos affaires privées, comme chefs de maisons de commerce ; dans l'administration des deniers publics, comme contribuables, nous fûmes toujours, autant que personne, partisans de l'économie ; mais d'une économie sage, bien entendue, productive.

L'économie, c'est, suivant la signification même du mot, *l'ordre dans la maison* ; elle est aussi éloignée de l'avarice que de la profusion : c'est l'ordre, la prudence, le calcul qui dirigent les dépenses de telle sorte qu'elles fructifient. L'économie, chez un particulier, n'empêche jamais une opération avantageuse ; de même lorsqu'il s'agit des intérêts de l'État, l'économie doit avoir pour effet d'activer utilement la circulation du numéraire, et par conséquent d'accroître le bien-être de tous. C'est ainsi que nous l'entendrions, si nous avions l'honneur de siéger parmi les dispensateurs de la fortune publique.

C'est pour nos représentans un impérieux devoir que de réformer les abus, de retrancher les sinécures, d'empêcher que l'argent de la France n'aille s'enfouir inutilement dans quelques fortunes privilégiées. Mais ce serait manquer à l'esprit de la nation que d'aller chercher des réformes dans des dépenses reconnues utiles, dans celles qui tiennent à notre ordre constitutionnel, qui sont dans nos mœurs, et qui par conséquent sont devenues indispensables. Ces considérations ne seront nulle part aussi puissantes, aussi vraies, qu'au sujet de la liste civile.

C'est là aussi une de ces questions à l'examen desquelles MM. les députés ne peuvent apporter trop d'attention, nous dirons même trop de courage ; car ici surtout, ils ont à se défendre de l'influence que peuvent exercer des traditions malheureuses.

Aux yeux des esprits prévenus, qu'est-ce en effet qu'une liste civile? La source où tous les abus, toutes les vanités viennent puiser leur aliment ; on ajoute par souvenir que c'est une portion des revenus publics dont le pouvoir peut sans contrôle s'armer contre les lois. Telle était, nous en convenons, la liste civile de Charles X. Les quarante millions qu'on lui donnait étaient devenus le patrimoine des ennemis de nos institutions, de ceux qui avaient porté les armes contre nous; c'était l'apanage d'une cour inutile, d'un clergé ambitieux ; c'était le budget d'un gouvernement occulte armé contre la Charte; c'était en un mot pour l'ex-roi le reste de ce trésor royal où puisaient jadis librement les courtisans, les maîtresses, les favoris de Louis XV.

Mais aujourd'hui qu'une royauté populaire a remplacé un trône anti-national, une discussion grave doit faire tomber ces préventions devant les lumières du raisonnement.

Deux choses surtout doivent intervenir dans cet examen :

1°. Les besoins de la royauté ;

2°. Le caractère du prince auquel on vote aujourd'hui une liste civile.

Quoique nous n'ayons reçu à cet effet ni mission ni mandat ; quoique nous ne puissions nous promettre que bien peu d'influence, nous avons cru devoir, en bons bourgeois de Paris, faire part à concitoyens de nos réflexions sur ce sujet.

Et d'abord la liste civile n'est pas un don fait à l'homme et destiné uniquement à son usage ; c'est l'apanage naturel et légal, c'est l'aliment nécessaire de la royauté. Cette dotation est indispensable à la majesté du pouvoir royal, à la juste influence que le nom de roi doit avoir dans le pays, à l'éclat bienfaisant, à la popularité, à la reconnaissance qui doivent environner le premier représentant d'une grande nation.

Les pensions, les secours, les récompenses accordés par la liste civile, sont pour la royauté une sorte de droit de grâce qu'elle exerce en faveur du talent comme du malheur, et en dehors des lois dont l'inflexibilité ou l'impuissance ne le permettrait pas. De même qu'au-dessus des lois, de cette justice extrême, notre législation a placé comme une providence, un pouvoir devant lequel ses règles les plus sévères, les plus immuables fléchissent ; ainsi, là où s'arrête la puissance ministérielle, les vœux de l'infortune peuvent encore s'adresser à une autorité supérieure qui ne se dévoile que par ses bienfaits.

Les règles de fer du budget refusent-elles une récompense à un serviteur de la patrie qui n'a pas le temps voulu par la loi; un homme de lettres, un savant, un artiste ont-ils besoin d'être encouragés, soutenus dans leurs travaux; ou bien un incendie, une inondation, la grêle auront-elles causé un désastre que le trésor public n'a pas le droit de secourir; la liste civile survient et tend une main protectrice ou secourable aux vieux services, aux arts et au malheur.

Ne dites donc pas au paysan que la liste civile ne sert qu'à payer des courtisans, vous mentiriez; dites-lui que c'est un trésor ouvert à l'infortune; dites-lui que c'est l'argent avec lequel le roi peut soulager les pertes que les orages lui auront causées.

Mais, objectera-t-on, ce sont là des exceptions; les cas dont vous nous parlez sont heureusement trop rares pour employer tout l'argent de l'impôt que vous défendez; la plus grande partie se dépense en luxe, en fêtes, en frais de vanité et de représentation. La royauté a-t-elle besoin de bals et de fêtes pour être imposante ? Ne serait-ce pas la rendre plus forte, plus populaire, que de laisser en son nom tout l'argent ainsi dépensé dans la bourse des contribuables? Dans la rue Saint-Denis nous voyons les choses tout autrement que nos modernes Spartiates.

Ces fêtes qu'ils taxent d'inutiles sont nécessaires à notre commerce et à notre industrie, comme aux arts, comme aux lettres qui viennent les embellir. Ce luxe, ces nombreuses réunions, ces concerts sont l'aliment d'une partie de notre commerce. Louis XIV donnait aussi des fêtes. Dieu nous garde d'en demander de pareilles à Louis Philippe; et pourtant l'économe, le sévère Colbert ne les désapprouvait pas : on se souvient qu'un jour, embarrassé de relever le commerce, il dit au roi : «Sire, donnez une fête»; et cette fête ranima le commerce et l'industrie. C'est qu'en pareil cas, la dépense faite par le roi, en provoque d'autres chez chaque particulier, le numéraire circule, les denrées se consomment, et ce mouvement rend de la vie à la fortune de l'État.

Et ne croyez pas que ce luxe ne soit utile qu'à certaines classes de la société. Tout se tient dans un État. L'ouvrier que le luxe enrichit paye plus cher les objets nécessaires à la vie. Les classes inférieures se ressentent de l'aisance ou du malaise des classes élevées ; car lorsque les sommités ne dépensent pas, tout ce qui est au bas de l'échelle souffre et s'appauvrit. Telle est la condition inévitable de la chaîne sociale, que tous les anneaux ont besoin d'être unis pour qu'elle soit forte, et que quand ils sont interrompus, toute la chaîne est compromise.

La liste civile assurera des encouragemens aux lettres, elle formera des musées, achètera des tableaux, entretiendra les manufactures royales, les monumens et les palais, ouvrira des travaux pour les ouvriers, étendra sur les arts et l'industrie une salutaire protection, et ainsi contribuera à l'embellissement de nos villes. N'est-ce donc rien que les lettres et les arts ? les monumens et les musées ? N'est-ce rien non plus que cette vie élégante, artificielle, cette existence au-dessus de la vie commune dont nous sommes si avides, et qui nous est si nécessaire ? Voulez-vous donc essayer parmi nous cette république de Platon, dont les poètes étaient bannis comme *chose légère et inutile ?* Mais ce ne sont pas seulement des jouissances que vous devez aux artistes, aux écrivains; n'ont-ils pas leur part dans les charges publiques ? Une classe tout entière de la population n'existe-t-elle pas de leurs travaux? Otez aux beaux-arts ce qui fait leur vie, la misère viendra les flétrir et la fortune publique y perdra.

Cette question, nous objectera-t-on encore, est toute dans l'intérêt de la ville de Paris, et les avantages que vous exaltez, toucheront peu les contribuables de province, car ce n'est pas chez eux que se dépense la liste civile! Cet argument est trop souvent répété pour que nous n'y répondions pas, et cependant rien de plus faux, rien même de plus absurde.

D'abord il n'est pas exact de dire que toute la liste civile se dépense à Paris. Ce n'est pas à Paris seulement qu'il y a des monumens royaux, des bibliothèques, des musées, des hôpitaux, des manufactures à doter ou à entretenir. Le roi a annoncé l'intention de faire de fréquens voyages dans les départemens. C'est pour les villes où il passe une affluence d'étrangers qui doublent les consommations comme le produit des impôts; et toutes ces dépenses du roi ne sont-elles pas à la charge de la liste civile? Partout le roi a contribué à l'armement, à l'organisation des gardes nationales. Il a donné, dit-on, dans cette seule année pour un million de drapeaux aux bataillons si nombreux de notre milice citoyenne.

Ce n'est pas tout, et nous répéterons encore que toutes les industries se donnent la main : la soie, le drap et le velours qui s'emploient à Paris se fabriquent dans les départemens ; plus Paris en emploiera, plus les départemens en fabriqueront, plus ils pourront mettre de prix à leur travail. A-t-on oublié que lorsque la ville de Lyon, gênée et souffrante, s'adressa à Napoléon pour demander des secours, Napoléon fit rendre un décret qui prescrivait à toutes les personnes de la cour impériale, même aux militaires, de ne paraître aux Tuileries qu'en habit de soie ou de velours?

Le vin qui se boit à Paris, ne se récolte pas tout à Surêne, et les vignerons de la Champagne, de la Gironde ou de la Côte-d'Or profitent très directement du surcroît de dépenses que les fêtes et la richesse occasionnent. Et ces ouvriers que Paris emploie en si grand nombre n'y viennent-ils pas de tous les points de la France? Ils surchargeraient la population de leurs communes, ils y seraient, comme indigens, à la charge des budgets municipaux ; le luxe, le commerce de Paris leur font trouver des moyens d'existence : si ces ressources leur manquaient, que deviendraient-ils? mendians ou pis encore.

Il nous est bien permis de rappeler encore ici les services que Paris a rendus à toute la France par son patriotisme, son courage, et combien il a été utile au pays que sa population fût indépendante, éclairée, attachée à la cause de l'ordre et des lois. Ce courage fut aussi du désintéressement, car la population de Paris tout entière abandonna pour la défense de ses libertés, tout ce qui fait la sécurité des propriétés et du commerce ; elle jeta tout dans le combat. Ces services-là sont récens, ils ont donné à la France cette royauté de juillet que toute la nation a saluée avec enthousiasme. Ils sont le gage assuré qu'on ne séduira pas, qu'on n'enchaînera pas le patriotisme des Parisiens en dépensant parmi eux les millions de la liste civile. Et si l'expérience a prouvé que cette dépense est nécessaire à la capitale, serait-ce le moment de la lui disputer, de la lui enlever au nom et comme un des résultats de sa noble victoire? serait-ce là le prix de tout ce que son héroïque population a fait pour la liberté, de tout ce que sa garde nationale a sacrifié depuis quatorze mois au maintien de l'ordre, de la paix et à la prospérité du commerce ?

Mais rien, dit-on, ne garantit l'emploi des fonds votés à titre de liste civile ; ils échappent à la sanction législative. Vient ici le second point de la question : elle repose sur la confiance due au caractère personnel du prince.

La Charte a sur ce point armé nos chambres législatives d'une précaution sage et nécessaire. Elle a voulu que la liste civile fût renouvelée à chaque avènement au trône d'un nouveau roi, et cela non pas seulement à cause des changemens que pourrait y amener naturellement l'état de la famille royale, mais aussi afin que le caractère du prince, sa vie antérieure, soient pris en considération. Examinons donc le caractère et les antécédens du roi actuel.

Depuis son retour en France, après un exil qu'il n'a jamais déshonoré en portant les armes contre son pays, Louis Philippe, duc d'Orléans, simple dans ses goûts personnels, sut néanmoins s'élever à la hauteur de sa position. Elle lui prescrivait des obligations de plus d'un genre, aucun sacrifice ne lui coûta pour les accomplir.

Comme fils, il liquida une succession chargée

de dettes; comme père de famille, il devait son-
ger à l'avenir de ses nombreux enfans; il songea
d'abord à les doter des bienfaits de l'éducation
publique et à faire de ses fils de bons citoyens :
le soin de leur fortune ne fut que secondaire ;
comme prince, le duc d'Orléans a protégé les
arts, l'industrie ; ses magnifiques galeries de tableaux en font foi; ses concerts, ses fêtes atti-
raient dans ses salons l'élite des citoyens et des
étrangers. Il tenait avant tout à achever le Palais-
Royal, et il lui a fallu dépenser plusieurs millions,
pour donner à la capitale un des monumens les
plus agréables à ses habitans.

Le malheur avait aussi sa part dans la fortune
d'ailleurs si exagérée du duc d'Orléans, car, si nous
sommes bien informés, elle n'a jamais dépassé
plus de quatre millions de rentes. Ses bienfaits se
sont étendus déjà sur toute la France ; aussi son
règne a-t-il été salué par d'unanimes cris de joie et
d'espérance. Veut-on que le roi trompe ces vœux
et ces acclamations? Faudra-t-il que pour suffire
aux dépenses de la royauté, il retranche sur ses
bienfaits; et notre reine, si charitable, si géné-
reuse, devra-t-elle, par économie, supprimer
une partie de ses bonnes actions? Gardons-nous

de porter au malheur ce coup funeste ! N'oublions pas que la bienfaisance doit toujours être assise sur un trône populaire, et rappelons-nous qu'une économie mesquine dans la dotation dela couronne aurait l'influence la plus déplorable sur le commerce, l'industrie, les lettres, les arts, et les monumens.

Pour nous, dans notre commerce, nous nous apercevons fort bien quand il a été donné quelque fête, quand le luxe a reçu quelque nouvel essor ; nos confrères de la rue Saint-Denis s'en félicitent comme nous. Nous commettons alors davantage en fabrique; nous employons des ouvriers de plus ; par là toutes les classes de la société s'en ressentent, en même temps que nous augmentons nous-mêmes notre bien-être. Mais il est nécessaire que l'impulsion vienne d'en haut, c'est-à-dire du trône.

Signé MARGUERITTE, MORAUD, HENNEGUY, DUCATEL, SAVOIE, RIBAUT, A. GUIBOUT, P. GUIBOUT, NOAILLES, etc. etc.